I AM CONFIDENT AND BRAVE

I say yes I say no

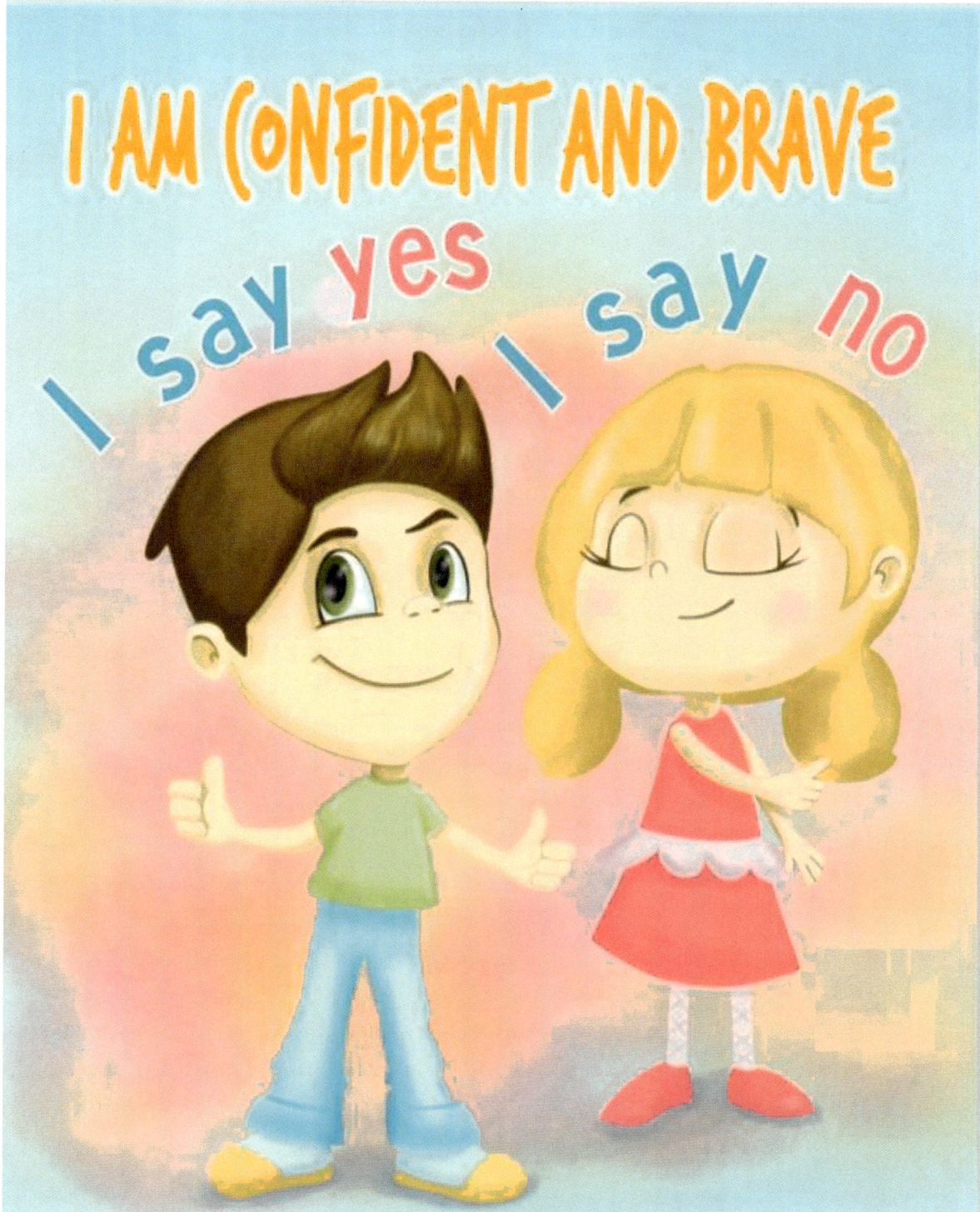

A Note From the publisher
Hi. My name is Ysabel Candia and I am the owner at independent publishing
house that brought you this book. I hope, that you and your child enjoyed this
book. If you did, please consider leaving a review on Amazon. It takes a few
minutes, but it would be so much appreciated. Reviews are a brilliant thing for
small businesses like mine – they are best way to let other potential customers
know about the book.
And feel free to email me to faminform@gmail.com   with suggestion and
recommendation for this and   next books about such important topics in the
development of children's personality as self-esteem, self-protection, intelligence,
creativity, sociability and others. We will be very grateful for your
communication by providing you with free advice on a specific topic of your
interest. Other people´s book have always inspired and entertained me and I
hope that my kids´ books can do the same.

For all abused children to
relieve their pain
and to their dedicated
caregivers

IS__ Y__ IS__ N_

I SAY Y__ TO _____ LOVE

I say yes to mommy's love

I SAY __ MARY B___S ME

I S _ Y _ _ E _ I P A _   WI_H

M_   F_I_N_S

I say yes

I play with my friends

I S_Y N_ID_D_'TP_S_ I D_N_T

H_T M_ F_I N_S

I say no

I don't push

I don't hit my friends

Ice Creams

I SAY Y_ _ I E_T AN IC_ CR_ _M

WI_H M_ F_I_N_

I say yes

Ice creams

eat an ice cream with my friend

I SAY _ _ TO B_ A_ _ N_

I say no

to be alone

I SAY _ _ S TO D _ _ DY'S H _ G

I say yes

to daddy´s hug

LI_ _

CH_ _ T

B_ TT_ _ KS
B_ _ W_ _ N L_ _ S

I S_ Y N _. NO O_ E T_ _ C_ ES M_ PR_ _ATE P_ _TS

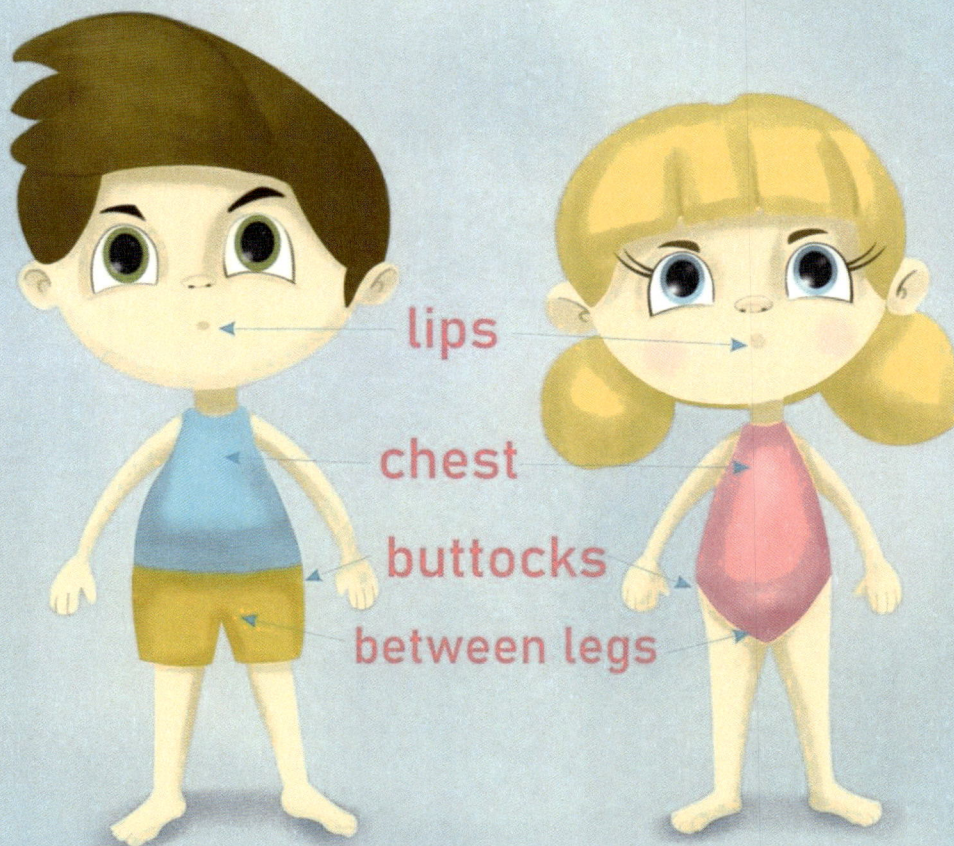

I say NO

lips

chest

buttocks

between legs

No one touches my private parts

I SAY __S I M_K_ N_W F__E_DS

I say yes

I make new friends

I _ M H _ _ PY AS _ AM

i am happy as i am

Made in the USA
Las Vegas, NV
20 February 2024